제시카 심슨의 봄

홍조

일러스트레이터 겸 직장인.
그림 그리는 게 세상에서 제일 좋았던 때도 있었는데 이제는 개랑 산책 나가서 노는 걸 가장 좋아한다. 굴러들어온 돌, 아니 바위 같은 누렁이 '제시카 심순'이 집 안의 커다랗고 듬직한 산이 되더니 결국은 가족이 되어버렸다. 현재 고양이 봄이, 루피와 굴러들어온 '시카'까지 네 가족이 열심히 살아가고 있다.
인스타그램 · 트위터 @jessica_simsoon

 ## 제시카 심순

'예쁜 누렁이'라 불리는 커다란 진도 믹스. 웃음이 많고 드러눕길 좋아하는 낙천주의자. 파주 심학산에서 발견되어 유기견 센터로 왔다. 그 전의 과거는 아무도 모른다.

제시카 심순의 봄

지은이 : 홍조

1판 1쇄 발행일 : 2018. 3. 26
1판 2쇄 발행일 : 2018. 4. 2

펴낸이 : 원형준
펴낸곳 : 루비박스
등 록 : 2002. 3. 28. (22-2136)
주 소 : (04768) 서울시 성동구 서울숲2길 11-7
전 화 : 02-6677-9593(마케팅) 02-6447-9593(편집)
팩 스 : 02-6677-9594
이메일 : rubybox@rubybox.co.kr
블로그 : www.rubybox.kr 또는 '루비박스'
페이스북 : www.facebook.com/rubyboxbook
인스타그램 : rubyboxbooks

저작권자 ⓒ 2018 홍조
이 책의 저작권은 지은이에게 있습니다.
서면에 의한 저자와 출판사의 동의 없이 내용의 일부를 어떤 형태로든 인용하는 것을 금합니다.

ⓒ HONGJO
All rights reserved including the rights of reproduction in whole or in part in any form. Printed in KOREA.

제시카 심순의 봄
가족 찾는 예쁜 누렁이와 나의 이야기

글·그림
사진
—
홍조

#노랑꽃누렁개 #이게봄이야 #먹는거에오? #응아니야

prologue

2016년 4월 꽃피는 계절에 아무것도 모르는 덩치만 커다란 누렁이가 나에게 왔다. 기억력이 좋지 않은 나지만, 오자마자 한강에 산책을 나가서 연두색 들판을 신나게 뛰어다니다 노란색 꽃을 하나 주워 제시카에게 내밀며, '이게 봄이야'라고 알려줬던 기억 때문에 우리가 봄에 만났다는 걸 기억하고 있다. 그때까지만 해도 내가 이렇게 덩치 큰 누렁이와 함께 살게 될 줄은 꿈에도 몰랐었다. 지금 돌이켜 생각해봐도 새삼 신기하게 느껴진다.

어쩌다가 우리가 만나게 됐지? 그 당시 나는 유기견 임시 보호, 즉 '임보'를 해오고 있었는데, 활동하던 카페 '행동하는 동물 사랑(행동사)' 매니저님에게 전화가 걸려왔다. 매니저님은 내가 임보 중이던 '제임스 봉구'의 입양처가 정해졌으니 봉구가 가고 나면 혹시 '리라'라는 아이 임보를 해줄 수 있냐고 하셨다. 덩치는 크지만 정말 착하고 착하고 착하고 착하다는 말을 거듭거듭 강조하셨던 기억이 난다(이건 비밀이지만 나 역시 입양 홍보를 열심히 하던 시절 이리 보고 저리 봐도 예쁘다고는 차마 말할 수가 없어서 '착하고 착하고 정말 착해요!'라고 연거푸 말하곤 했다). 그리고 덩치는 크지만 자기 스스로 소형견인 것처럼 행동하고 고양이들과도 아주 잘 지낸다는 말도 덧붙이셨다. 내가 고양이 둘을 키우고 있어서 그러셨던 듯하다. 일단 통화를 마치고 게시판에 들어가서 사진을 찾아보니 길 생활 시절 아팠던 피부가 아직 채 낫지 않아서 털도 거의 없고 얼굴은 주글주글 나이가 많이 들어 보이는, 흔한 외모에도 못 미치는 진도 믹스였다. 그렇다 보니 입양은 물론 임보도 가지 못했고 문의 한 번 없었던 아이였다. 덩치가 커 당연히 견사로 나갔어야 했지만 피부병이 심

나와 만나기 전 위탁처에서 지내던 제시카 심순
#동생들에게삥뜯기는_누렁이누나 #성선설에한표

해서 불행 중 다행으로 병원에서 몇 달 동안 계속 치료를 받았고, 그 뒤엔 카페 스태프분 집에서 지냈던 듯했다. 살면서 큰 개는 키워본 적도 없고 나중에 개를 입양하더라도 큰 개를 키울 생각은 요만큼도 없었기 때문에 카페 게시판을 그렇게 자주 들락날락했으면서도 처음 보는 아이였다.

나는 그때까지 임보 했던 아이들과는 다르게 입양을 보내기가 어려워 보이는 그 누렁이를 맡을 자신이 없었다. 집에 있는 두 고양이가 걱정스럽기도 했다. 그래서 죄송하지만 아무래도 '리라'는 임보 할 수 없을 것 같다고 거절의 연락을 했다. 그런데 평소 거절을 하면 오히려 자신이 더 미안하다며 두 번 묻는 법이 없던 매니저님이 그날따라 제시카에 대해 한 번 더 운을 띄웠다. 겉모습과 달리 정말 착하고 귀여운 아이라고. 지금 회복 단계인데 견사에 가면 다시 피부병이 재발할 수도 있고, 몸이 안 좋은 상태니 딱 한 달만이라도 집밥 먹을 수 있도록 부탁한다고. 그 이후에는 다시 돌려보내도 괜찮다고 하셨다.

지금 생각해보니 내가 다시 못 돌려보낼 거라는 걸 그분은 알고 계셨던 게 아닐까? 아니, 어쩌면 나만 모르고 내 주변 모든 이들은 다 알고 있었던 게 아닐까? 그렇게 행운의 숫자 '7'번째 임시 보호이자, 끝낼 수 없는 누렁이 임보가 시작되었다.

2018년 봄
홍조

prologue · 4
등장인물 · 10

사고 쳤다 · 14
개줄 · 16
편하게 지내 · 17
집사가 또 · 18
임보 언니가 되기까지 · 20
첫사랑 머핀 · 24
내 이름은 제시카 심순 · 28
귀한 개 · 30
내가 꼭 엄마 찾아줄게 · 32
부러운 성격 · 34
예쁜 누렁이 · 40
그녀 상상도 · 44
나도 여자랍니다 · 48
인기 없는 나이 · 51
즐거운 상상 · 54
봄이의 생각 · 60

덩치 큰 누렁이들 · 62
상처 주지 않기 · 64
오즈의 제시카 · 68
변신 누렁이 · 70
그들의 일상 · 74
밥 도둑 · 81
우리들의 믿거나 말거나 이야기 · 82
그들의 일상 2 · 86
봄이의 비밀 · 88
임보 언니의 욕심 · 90
눕개 · 92
눕개 2 · 94
뒷일을 부탁해 · 98
덩치 큰 그녀의 슬픔 · 100
과잉보호 · 104
소원 · 106

은근한 다정함 · 108
제시카를 안는 다섯 가지 방법 · 110
별 낚시 · 112
무비 나이트 · 118
궁금해 · 119
금요일 · 120
월요일 & 다음 날 · 121
시카의 표정 · 124
제시카 그리는 방법 · 130
카페에서 · 132
일상 · 134
넌 시카 아니면 안 될 것 같아 · 136
분명 좋은 곳일 거야 · 144
두 번째 봄 · 146
한강이 있어 다행이야 · 148
아침에 보자 · 152

동지 · 154
지하철 타고 싶어요 · 156
우연히 만나요 · 160
싸워도 함께 산책해야 하는 사이 · 162
이제 잘 눕지 않아요 · 168
신호 · 170
애교 수업 · 172
가을 시카 · 176
사과 · 180
아침 · 182
왜 때문에 · 184
귀여운 지구 · 186
겨울 시카 · 188
가족 · 192
가족 사진 · 194
어디까지나 언제까지나 · 196

 부록 · 202

등장인물

제시카 심순

굴러들어온 돌, 아니 바위.
웃음이 많고 드러눕길 좋아하는 낙천주의자.
추정 나이 4~5살.
과거 이름은 리라.
그 전의 과거는 아무도 아는 사실이 없다.
파주 심학산 등산로에서 몸은 비쩍 마르고 피부는 엉망인 채로 발견됐다.
개장수에게 끌려가지 않고 유기견 센터로 가게 됐을 때,
자기의 마지막 운을 전부 다 끌어모아 여기에 썼구나 생각했다.
그런데 다시 한 번 견생역전의 기회가?

좋아하는 것 : 한강, 고기, 아이스크림, 친구, 햄찌, 이모들, 할머니…
　　　　　　너무 많아서 여기까지.
싫어하는 것 : 과거엔 등산복 입고 모자 쓴 할아버지였으나
　　　　　　지금은 딱히 없다고 한다.

동거인

모든 행동이 어설프고 서툰 인간.
5년차 고양이 집사.
생계형 일러스트레이터이자 직장인.

어설프지만 모든 걸 스스로 선택하는 타입이나,
처음으로 본인의 선택이 아니었던
못난이 누렁이와 동거하게 되면서
자기도 모르게 변화를 겪는다.

봄이

귀여운 외모로 모든 이를 홀리지만
정작 자신은 예쁨 받는 것 따위엔 관심이 없다.
간식 빼곤 집 안 모든 일에 무관심하다.
밥 먹고 멍 때리거나 자거나 그루밍을 하는 게 하루 일과.

어린 시절에는 아주 소심해서
닌자처럼 벽을 타고 살금살금 다녔고,
집사의 기침 소리에도 깜짝 놀라 팔짝 뛰곤 했다.
자기의 소심한 면을 숨기고 싶어서 늘 센 척하기 바쁘다.
어느 날 갑자기 나타난 덩치 큰 누렁이가 무섭지만
지고 싶지 않아서 밤마다 거울 앞에서
무엇인가를 연습하는데….

루피

이 집의 유일한 남자.
봄이와 정반대 성격으로 좋은 것도 많고
그만큼 싫은 것도 많다.
마음에 안 드는 게 있으면 종일 꿍얼꿍얼한다.

이 세상에서 제일 무서운 게
몇 년 전에 엘리베이터에서 마주친 '개'인 줄 알았으나
막상 겪어보니 '개 별거 아니네?' 싶었다.
이제 세상에서 무서운 게 없단다.
덩치 큰 누렁이 녀석이 싫은 건 아니지만
누나의 사랑을 독차지하는 것 같아서 자꾸 거슬린다.
봄이 누나와 머리를 맞대고 저 누렁이를
빨리 이 집에서 내쫓을 계획을 짜야겠다.

사고 쳤다

큰 개를 키워본 경험은 없지만 한 달 임시 보호니까 괜찮겠지? 괜찮아야 할 텐데! 그런데 이거 좀 많이 낯설다. 그냥 누렁이가 왔다갔다 걸어다니기만 하는 건데도 또각또각 말발굽 소리가 쉴 새 없이 집 안에 울려퍼진다. 마치 조용한 방에 째깍째깍 초침 소리가 신경 쓰이듯 내 귀는 계속 쫑긋쫑긋 예민하게 반응한다. 무슨 말 한 마리가 있는 기분이다. 집이 갑자기 넓은 초원으로 바뀐 것만 같다. 쿵쿵! 그런데 어디서 꼬리꼬리한 개 냄새 안 나요?

개줍

나에게 처음 온 날

편하게 지내

집사가 또

임시 가족이래요.
무슨 뜻인지는 잘 모르지만
잠깐 동안 가족이 되어주는 거래요.
그래도 난 너무 좋아요.
마음이 부자가 됐어요.

임보 언니가 되기까지

나는 고양이밖에 모르는 고양이 바보였는데 어쩌다가 개 바보까지 추가됐는지 모르겠다. 물론 유기견 임보를 하기 전에도 거리에서 우연히 강아지들을 보면 귀여워 어쩔 줄 몰라 하긴 했지만, 그것도 내 나름의 취향이랍시고 내 눈에 귀여운 개들만 좋아하고 귀엽지 않으면 흥미를 갖지 않는, 그냥 개의 겉모습만 예뻐하는 사람이었던 거다.

어쩌면 이건 말하기 부끄러운 고백이 될지도 모르겠다. 사실 돌이켜보면 아장아장 걷던 아주 어린 시절부터 스무 살 넘어서까지 짧게 스쳐간 개들이 꾸준히 있었다. 시골에 놀러 가서 아기 강아지들을 보고 부모님께 떼를 써 집에 데려와 놓고는 금방 흥미가 없어지곤 했다. 아빠가 데리고 온 아기 백구 막둥이도 그랬다. 처음에는 귀여워했지만 나중에는 마당에 묶여 있는 막둥이와 제대로 놀아준 기억이 없다. 그리고 어느 날부터인가 막둥이는 외할머니 댁에 가서 살게 됐다. 또 털이 부숭부숭한 믹스견 루키라는 아이는 계단 밑 개집에서 살았는데 그 아이에겐 제대로 인사해준 기억조차 없다. 놀러 나갈 때 마당 문이 열려 있으면 날 쫄래쫄래 따라오곤 했는데 지저분한 행색을 하고 있는 루키가 따라오는 게 창피해서 모른 척했던 기억이 난다.

잘못인지도 모르고 했던 행동들이 서른 즈음 남들보다 뒤늦게 조금씩 철이 들어가고 고양이들을 키우면서 하나하나 죄책감으로 떠올랐다. 나는 개를 키울 자격이 없고, 어쩌면 난 개와 잘 맞지 않는 사람이 아닐까 하는 생각을

했던 것 같다. 개와 함께하는 삶을 그려보다가도 그럴 일은 없을 거라고 고개를 저었다. 개를 데리고 와도 철없던 어린 시절처럼 행동할까 봐 두려웠다.

그런 여러 가지 생각을 할 때쯤 우연히 유기견에 관심을 갖게 됐고, '임시 보호(임보)'라는 게 있다는 걸 알게 되었다. 개들과 함께 지내는 삶이 궁금하기도 했고 그 아이들도 보호소에 있는 것보다는 나와 함께 있는 생활이 나을 테고 여러 방법으로 입양 홍보를 해주면 그 아이에게도 좋지 않을까, 라는 생각을 했다. 개를 입양할 상황은 아니지만 임보를 통해 어릴 적 잘해주지 못한 개들에 대한 미안함을 조금이나마 덜고 싶었던 걸까. 그렇게 나의 유기견 임시 보호는 시작됐다.

첫사랑 머핀

그 전에는 그냥 예뻐할 줄만 알았지 한 번도 사랑한 적은 없었던 게 분명하다. 처음으로 파주 유기견 센터를 갔을 때의 기억이 생생하게 떠오른다. 사택에 있는 작은 아이들을 만나러 갔는데 모든 아이들이 난생처음 보는 나를 반겼다. 다들 자기 좀 바라봐달라고 한참을 뛰어다니며 아우성이었다. 그중에서도 긴 다리와 짧고 까만 털을 가진 아이가 있었는데 내가 이 방 저 방 옮겨 다닐 때마다 칸막이를 열심히 점프해가며 졸졸 따라다녔다. 그게 그 녀석, 나의 첫 임보 강아지 머핀과의 첫 만남이었다. 많은 아이들 중에 누구 하나를 고르기가 차마 어려웠는데 너무나도 적극적으로 나를 좋아해줘서 '그럼 애로 데려갈게요' 하고 같이 집으로 왔다.

눈에 보이는 모든 물건을 파괴하고 눈에 보이는 모든 음식을 먹어치웠던 머핀. 하루 종일 나만 따라다니고 쿰쿰한 냄새가 나는 존재가 어색하게 느껴졌다. "자기 할 일을 안 하고 자꾸 나만 따라다녀!" 이렇게 토로하는 내게 개를 키우는 친구의 대답이 기억난다. "그게 걔가 할 일이야!"

그렇게 5개월 정도를 함께하고 머핀을 입양 보낼 때 참 많이도 울었다(사실 입양처가 결정 나지 않았을 때도 밤마다 울었다). 이렇게나 나를 잘 따르고 나도 얘를 좋아하는데 어떻게 보내야 할지 상상조차 할 수가 없었다. 지금 생각해 보니 꼭 첫사랑의 열병 같았다. 처음으로 사랑하게 된 개였으니 틀린 말이 아닌지도 모르겠다. 그땐 달리 어쩔 방도를 몰라 그냥 울기만 했던 것 같다. 일하다가도, 자려고 누워서도 울었다. 하지만 머핀이 마음에 든다는 좋은 분

잠시 함께 지냈던 제시카와 크리스탈(행복이)
#제크자매 #왜이러고자는데 #개베개 #희번덕 #2주만에입양간크리스탈

이 나타나준 건 정말 감사한 일이었기에, 머핀을 보내는 날 절대 울지 않으리라 다짐했다. 결국 보내놓고 돌아오는 길에 엉엉 울어버리고 그 후로도 한참을 그리워했다.

머핀 이후로 데려왔던 다른 다섯 아이 레아, 춘자, 시시, 봉구, 행복이(크리스탈)도 모두 좋은 가족들을 만나 잘 지내고 있다. 입양 보낼 때마다 항상 마음이 아파 임보를 그만할까 하는 생각도 했지만, 내 마음 아픈 게 도대체 뭐가 큰일이라고 나도 참 이기적이구나 생각했다. 그 아이들에게는 생명이 걸린 문젠데. 그렇게 웃기도 많이 웃고 울기도 많이 울던 '임보 언니' 역할로 인해 그 아이들과 그들의 새 가족들이 내 새로운 친구가 됐고, 그 가족들은 소중하고 귀여운 존재를 얻었으니 안 했으면 어쩔 뻔했을까.

인사드려야지~ 안녕하세요.
          제시카예요.

내 이름은 제시카 심순

누렁이와 산책을 나가니 사람들이 진돌아~ 하고 불렀다. 속으로 '흥! 얘는 남자애가 아닌데, 자기들 맘대로 진돌이라니!'라는 생각이 들었다. 심지어 '얘도 여자앤데 혹시라도 속상했으면 어쩌지?'라는 생각까지 드는 게 아닌가. 그래서 나는 누렁이에게 새 이름을 지어주고 싶었다. 스태프 분들이 지어주신 '리라'라는 이름도 귀여웠지만, 사람들이 누렁이 하면 떠올리는 이미지와는 전혀 다른, 그러니까 오히려 '어울리지 않는' 이름을 지어주고 싶었다. 바로 직전에 입양을 보낸 '제임스 봉구'도 임보 하면서 붙여준 이름이었다. 견사 생활 시절에 불리던 상욱이라는 이름이 있긴 했지만 앞으로 다른 삶을 살았으면 좋겠다는 마음을 새 이름에 담았다. 정확히 어떤 과정으로 그 이름이 나왔는지는 다소 흐릿한데, 친구와 궁리하다가 제임스 본드 이야기가 나왔고 대화 끝에는 어쩌다 보니 제임스 봉구가 되어 있었다.

이번에도 운명처럼 같은 친구에게서 아이디어가 나왔다. 마침 3개월 정도 된 털보 강아지와 같이 임보 중이니 제시카와 크리스탈로 지어서 '제크 자매'로 하면 어떠냐고 했다. 괜찮은 아이디어였지만 뭔가 한방이 부족했다. 그때 '제시카 심순'이 떠올랐다. 몇 년 전 인기 있던 금발 미녀 배우 '제시카 심순'처럼 시카도 예쁜 금발 미견이 되어 좋은 가족을 찾았으면 좋겠다는 생각이 들었다. 입양 홍보를 위한 인스타그램 계정에서 의견을 받은 결과 '리라 공주'와 '제니 봉순'을 누르고 다수결에 의해 '제시카 심순'으로 결정되었다.

그래, 누렁아! 앞으로 제시카라고 불러줄게.

모낭충 투병 중인 제시카

귀한 개

제시카 발견 당시의 모습을 보면 유기견 센터에 오기 전까지 그리 좋은 생활을 했던 것 같진 않다. 비쩍 마른 몸이나 피부 상태를 봤을 때 아마도 마당에 묶인 채 살았거나 아니면 철창에 갇혀 있지 않았을까. 소위 말하는 비싸고 귀한 개는 아닐지 모르겠지만 나에게 제시카는 충분히 사랑스럽다. 귀하게 대해줘야지. 앞으로는 좋은 부모 만나 평생 귀하게 살았으면.

임보를 하다 보면, 아이들이 자꾸 예뻐지기 시작하면 하나둘 입양을 갔다. 제시카도 점점 귀여워지고 있다. 아무래도 진짜 가족이 나타날 것 같은 느낌. 우리 제시카도 분명 예쁘다~ 집에 가자~ 하시는 분 있을 거야. 힘내자, 시카!

내가 꼭 엄마 찾아줄게

더 클 수도 있습니다.
헛짖음이 있을 수도 있습니다.
보이지 않는 병이 더 있을 수도 있습니다.
이 모든 것을 사랑으로 보듬어주실 가족을 찾습니다.

안쓰럽다고 마음에 안 드는 남자를 사귈 수는 없는 것처럼,
개도 마찬가지죠.
불쌍하다고, 도와주고 싶다고 동정심으로 시작하지 마세요.
사람을 볼 때도 얼굴 보는 사람, 성격 보는 사람,
똑똑한 걸 좋아하는 사람, 이렇게 다 다르듯이
진심으로 제시카를 좋아해주실 분이 나타날 거라 믿어요.
시카야, 내가 엄마 꼭 찾아줄게.

아직 입양 문의도 없는데 왜 벌써부터 이별이 슬프고 걱정되는지!

난 니 성격이 참 좋고 부러워!
정말 최고!
근데 사람들이 너무 얼굴만 보나?
조금만 더 기다려보자.

부러운 성격

혹시 성대 수술을 했냐는 질문을 받을 정도로 정말 안 짖는 제시카. 산책을 나가서든 집에서든 마찬가지여서, 집에 놀러오는 친구들도 오랜만에 올라온 엄마도 시카를 신기해한다. 딱 한 번 봤다. 카페의 테라스에서 친구와 나, 시카 이렇게 셋이 있는데 카페로 들어오는 어떤 아저씨를 보고 까닭 없이 엄청 짖어댔다. 왜 그랬는지 아직도 그 이유가 너무나도 궁금하다.

그렇게 조용한 시카는 뭔가 의사를 표현하고 싶을 때도 짖지 않고 우어- 하고 짧게, 혹은 우어우어어어- 하고 길게 그 큰 입을 최대한 작게 오므린 채로 뺑긋뺑긋 하울링을 한다. 꼭 아기가 옹알이하는 듯한 그 모습이 어찌나 귀여운지!

짖지도 않고 남의 물건 건들지도 않고, 의젓하고 착하고 잘 맞춰줘서 덩치가 커도 하나도 힘들게 하지 않는 시카. 아침에 한 번, 밤에 한 번 나가주면 배변도 깔끔하게 하는 시카. 자기보다 훨씬 작은 고양이들한테 그냥 져주고 맞아주는 너. 나는 겉보기엔 독기나 예민함과는 거리가 멀어 보이는 생김새지만, 직업 탓인지 아님 원래 타고난 못된 성미인 건지 오르락내리락 감정 기복도 심하고 싫은 것도 불편한 것도 많은 편이다. 이런 나와 달리 무슨 일이 있어도 크게 동요하는 법이 없고 한결같은 시카의 성격이 참 부럽고 마음에 든다.

#살인미소제시카 #마스카라만했어요 #농약같은가시나 #누렁이가이렇게위험합니다
#이게바로_금발미견의길

자꾸 임보언니가
'성격' 강조하는데
제가 생각할때는요.
전 성격보다 미모가 뛰어나요.
'살인미소' 라고 아세요?

내 크기는 얼마만 해요?
고양이 봄이만큼 작아요? 아님 동거인만큼 커요?
동거인과 동거인의 친구들은 항상 날 보고 크고 무겁대요.
그런데 왜 가끔은 날 못 보는 거 같죠?
가끔 동거인이 바쁘게 출근할 때
그리고 퇴근하고 지친 모습으로 돌아왔을 때
그때는 아무리 생각해도 제가 안 보이는 거 같아요.
사실 난 개미만큼 작은 거 아닐까?
아니면 투명개가 돼버렸나! 하는 생각도 들어요.
코끼리나 공룡은 저보다 훨씬 크다던데
코끼리만큼 크면 날 모른 척 못하겠죠?
하루 종일 보고 싶었는데….

자아 예쁘게 그려줄게.

예쁜 누렁이

SNS에서 제시카의 별명은 '예쁜 누렁이'다. 하지만 처음 본 시카는 그에 어울리는 생김새는 아니었다. 비쩍 마르고 털이 거의 없는 모습에 조금 주글주글한 얼굴, 그리고 녹슨 이빨까지 합세해 정확한 나이는 몰라도 그냥 저는 나이가 많아요, 라는 느낌이었다. 발견 당시 사진을 보면 모낭충이 심해 얼굴이며 발이며 몸이며 탈모가 심각했다. 그나마 나에게 올 때 즈음엔 병원에서 몇 달간 치료를 받아 많이 좋아진 상태여서 식사 조절과 약욕샴푸 목욕을 해주면서 회복되는 상태를 지켜보았다. 특히 엉덩이와 꼬리 그리고 발바닥 상태가 제일 안 좋았고, 다른 개들의 귀여움 포인트인 빵빵한 엉덩이와 보송보송한 꼬리는 당연히 시카에겐 없었다. 산책을 나가면 어느 누구도 시카를 예쁘다고 말해주지 않았고, 어쩌다가 관심을 주는 사람이 있으면 시카는 그곳이 어디든 발라당 누워서 애교를 부렸다.

시카에게 맞는 사료를 찾아 몇 번을 바꾸고 영양제를 몇 종류씩 섞어서 억지로 먹였다. 몇 달 동안 병원에서 약을 먹었던 시카이기에 약만 보여줘도 그 쓴맛을 알아서 입에 거품을 잔뜩 물기도 했다. 그 모습이 안쓰러웠던 적이 참 많았다. 가뜩이나 싫어하는 목욕을 적어도 일주일 혹은 열흘에 두 번씩은 했었고 병원에서 받아온 센 약으로 약욕을 했을 때는 산책길이 힘들어서 비틀비틀 힘없이 걷기도 했다.

그때 난 시카의 엉덩이에 예쁜 황금빛 실로 수를 가득 놓아주고 싶다는 상상

을 했다. 맨살에 털이 조금씩 자라나는 모습이 꼭 수를 놓은 것처럼 보였는데, 실제 자수를 놓는 것보다도 훨씬 느린 속도에 참 답답했었다. 하지만 울고 웃고 정신없이 보내다 보니 어느새 꽤 예쁜 노르스름한 털이 전체적으로 올라왔다. 그녀는 원래부터 그렇게 예뻤던 것처럼 우아했고 우린 행복했다.

다만 모낭충이라는 게 워낙 재발을 많이 하는 피부병이기에 거의 회복됐다고 생각하는 시점에서 여러 번 재발해 마음을 많이 졸였다. 그럴 때마다 시카는 어렵게 올라온 그 예쁜 털들을 다시 밀어야 했다. 이 시기는 나도 힘들었지만 그녀도 참 힘들었을 거다. 글을 적으면서 아 우리가 그런 시기를 함께했구나 생각하니 괜히 동지애가 느껴진다.

Jessica ootd

바게트와 유칼립투스를 좋아해요.

그녀 상상도

스트라이프 후리스에 카멜색 고르뎅 바지 그리고 반다나를 하고 다닐 것만 같은 그녀. 음, 키가 크니까 뭐든 잘 어울릴 거야. 키가 껑충하니 커서 항상 바지가 살랑살랑 들려 있을 거 같고 그 사이로 발목이 보일 것 같다. 그래서 꼭 예쁜 양말을 신겠지. 메이크업은 잘 안 하지만 속눈썹에 살짝 마스카라를 바르고 두껍고 까만 입술에는 투명한 립글로스를 발라줄 것 같다. 코 아래 언뜻 보이는 까만 솜털이 참 귀여울 거 같고.

#패셔니시카 #오프숄더 #친구를만나느라샤샤샤 #ootd

#땡땡이코디 #운동화똑바로아이신니 #좌우반대 #SUPERSTAR #운동화모델문의는DM

나도 여자랍니다

나 진짜 예뻐?
이거 하면
'예쁘다' 할까?

재 좀 봐..
리본한거 보니까
여자 앤가보다
재밌다. 그치?

인기 없는 나이

너도 나도 30대. 나이 먹는 게 싫은 나이야. 나는 소개팅에서 인기 없는 나이, 너는 입양 캠페인에서 인기 없는 나이. 우린 귀엽고 예뻤던 20대를 지나왔고 이젠 우리보다 젊고 싱그럽고 예쁜 여자들이 많지만 우린 우리만의 무엇인가가 있잖아! 난 이제 모든 걸 시큰둥하게 바라보기 시작했지만 넌 아직도 순수함을 간직한 해맑은 30대 중반. 솔직히 화려한 미인은 아니지만 브리짓 존스나 캔디처럼 매력적이야.

다들 '솔직히' 혹은 '사실은'이라는 말을 붙여 네가 입양 가기 쉽지 않을 거라고 말하지만 난 그렇게 생각 안 해. 집을 구할 때나 남자친구를 선택할 때 원하는 다섯 가지 중에 세 개만 만족하면 두 개는 포기하라고들 하지만 난 너를 다섯 가지 다 만족스러운 집에 보내고 싶어. 우리 누렁이, 행복하자.

#우리집대중소 #권력순서는소중대 #책상위는임원급부터

즐거운 상상

쉼터 견사에서 지내는 누렁이, 백구 친구들아.
잘 지내고 있니? 나는 잘 지내.
나는 따뜻한 담요 위에서 자고 맛있는 밥이랑 간식도 매일 먹어.
더 놀랄 이야기 해줄까? 산책도 매일 한다?
언니랑 드라마에서 보검이 오빠도 봤어.
잘생기긴 했더라. 장담하는데 너네 거기서 그런 오빠 본 적 없을걸.
주말에는 한강도 나가고, 가끔은 언니 친구들이 놀러 와서
드라이브도 시켜주고 간식도 사다 주고 그래.
좀 귀찮은 일도 많긴 한데, 그래도 거기 있을 때보단 참 좋아.
이제 곧 추워지는데 너네도 좋은 사람들 만나서
이렇게 춤도 추고 산책도 가고 그랬음 좋겠어.
나만 행복해서 미안해.

항상 하루의 끝은 '이별'이었을 우리 누렁이를 생각하면 지금도 눈이 매워진다. 까맣고 깊은 그 기나긴 밤 속에서 시카는 무슨 생각을 하며 버텼을까? 모두들 누군가와 집으로 돌아갈 때 시카의 기분은 어땠을까?

봄이의 생각

언니랑 양화대교를 건넜다
언니랑 처음 와보는 곳.
힘들었지만 좋았다.
나쁜 생각이긴 하지만 버려지길 잘했다는 생각이 들었다
예전보다 지금이 행복하니까. 파주골보다 즐거운 서울생활

08월 21일 화요일

덩치 큰 누렁이들

초등학교 때 아빠가 데려오신 백구가 있었다. 어렸을 때라 잘 기억은 안 나지만 어떤 이유 때문에 시골 외갓집에 보내졌다. 그땐 나도 우리 가족도 반려동물에 대한 개념이 잘 잡혀 있지 않았던 것 같다. 그냥 누렁이나 백구들은 넓은 데가 좋을 거야, 큰 개는 마당 있는 곳이 좋아, 시골이 개한테도 더 좋을 거야… 그런 이유들로 키우다가 어딘가로 보내지는 경우가 많았다. 하지만 지금 와 생각하니, 시골 생활이라고 해서 그리 좋은 것은 아니다. 시카를 보면서도 마당 있는 집에 입양 갔다가 나중에 천덕꾸러기처럼 느껴져서 결국 마당에 묶여 산책도 한 번 못한 채로 키워지는 건 아닐까, 뭐 이런저런 생각들이 따라온다.

토종 누렁이들도 요즘말로 '고급지게' 살 수 있으면 좋겠다. 오히려 유니크하지 않은가? 진돗개도 황구, 백구도 예쁘지만 그냥 토종 누렁이들도 미묘하게 조금씩 다 다르게 생겨서 저마다의 매력이 있다. 시카도 예쁘지만 견사에 있는 다른 누렁이들도 다 예쁘다. 사택에 있는 작은 아이들에게도 많은 관심이 필요하지만 견사에 있는 덩치 큰 아이들도 관심 있게 지켜봐주었으면.

시카계정에
사진 올리는 중 ←

상처 주지 않기

그동안 고단한 삶을 살았던 만큼, 기다림이 긴 만큼 더 이상 버림받는 일은 없었으면. 최근 행동사에서 입양 간 아이들이 다시 파양되어 돌아오는 일들이 있었다. 임보 갔던 아이들도 여러 가지 사정 때문에 돌아왔다. 나도 그럴 뻔한 적이 있고 그럴 수밖에 없는 상황도 있다는 건 알고 있다. 하지만 고작 1, 2주 만에 돌려보내는 건 조금 너무한 것 아닐까. 조금 더 신중했으면 좋겠다. 꼭 임보나 입양이 아니더라도 도울 수 있는 일들은 많다. 저지레, 짖음, 기존에 키우던 아이들과의 충돌 등을 기다려줄 수 있는 상황이 안 된다면 시작을 안 하는 게 좋다. 개들만 생각해서 하는 말이 아니다. 어찌되었건 자기의 기본적인 생활은 누구에게나 중요하기에 임보나 입양은 정말 어려운 일이다. 시간과 돈, 마음이 여러 가지로 많이 소비된다.

단기 임보 한 달도 사실 쉬운 일이 아니다. 한 달 뒤에 돌려보내는 일은 서로에게 정말 잔인하다. 제시카도 한 달 단기 임보로 왔지만 벌써 6개월째에 접어들고 있고, 입양 갈 때까지 맘 놓고 임보를 계속할 수 있는 상황도 아니라서 나 역시 스트레스가 많다. 혹시 제시카가 입양을 가더라도 갖가지 이유들로 돌아오게 될까 봐 너무 겁이 난다. 이미 여러 번 상처받은 아이들에게 더 이상 상처 주지 말길. 나도 최대한 노력해야지.

너무 철없이 행복해한 걸까요?
재미있고 신이 나서 평생 가족이 생겼다고 잠시 착각했나 봐요.
그래서 동거인의 마음은 어떨지도 살피지 못했어요.
나 때문에 동거인이 슬퍼해요.
여기 오지 말았어야 했던 걸까요.

오즈의 제시카

내가 슬프거나 속상하거나 화나는 순간에 딱히 시카는 나에게 어떤 말도 어떤 행동도 크게 하는 것이 없는데도 그냥 내 옆에서 어깨를 마주하고 있어주는 것만으로도 나에게 큰 위로가 된다.

먼저 그녀의 둥글고 큰 머리통을 몇 번 쓰다듬다가 두툼한 귀를 만지작만지작 한다. 그 다음엔 털이 빼곡한 목에 팔을 감고 조용히 내 머리를 그녀의 머리통에 쿵 하고 부딪히면 저 깊은 지하세계까지 떨어져 있던 내가 어느새 마법처럼 다시 내 방으로 돌아와 있다. 〈오즈의 마법사〉의 도로시처럼 구두 뒤축을 부딪치며 가고 싶은 곳을 말하면 어디든 갈 수 있는 정도는 아니지만, 나는 시카의 둥근 머리통에 내 머리를 쿵 하고 부딪히면 언제든 내 마음의 어두운 지하세계에서 내 방으로 돌아올 수 있는 것이다.

덩치만 크고 비쩍 마른 볼품없이 생긴 이 개한테 이런 대단한 능력이 있다는 건 사실 비밀인데 이렇게 다 말하고 다녀도 되나 몰라.

변신 누렁이

힘만 센 지겨비.

그들의 일상

내가 뭐가 부족해서 입양을 못 가는 걸까요?
전 집에서 왕왕 짖지도 않고요. 저지레도 안 해요.
산책만 시켜주면 집에서는 정말 얌전히 잘 있는데.
피부병도 많이 좋아져서 약만 잘 챙겨먹으면 점점 더 좋아질 거래요.
다들 예쁘고 착하다는데. 좋은 가족 만날 수 있을 거라는데.
못 가면 어떡하죠? 정말 쉼터 견사로 가야 해요?
조금 더 천천히 기다릴게요. 가족이 된다는 건 쉬운 게 아니잖아요.
엄마 아빠가 제가 안쓰러워서가 아니라, 평생을 함께하고 싶어서
저를 데리러 오셨으면 좋겠어요.

미안해.
너는 너무 크고 여기랑 어울리지 않아.
나는 여기를 지켜야 하거든.
어서 가...

#시카와루피 #동기화 #내꼬리에서그더러운발치워

밥 도둑

개 밥 맛있네, 냠냠

뭘 보냐 이 떱때······.

#츄르앞에서는순한양들 #나잘나오고있어요? #셋다나오는거맞죠?

우리들의 믿거나 말거나 이야기

산책을 나가기 위해 하네스와 리드줄을 챙기고 있다 보면 어느새 봄이와 루피가 알 수 없는 눈빛으로 시카와 날 뚫어지게 쳐다보곤 한다. 문득 고양이들은 집을 나서는 우릴 보면서 도대체 무슨 생각을 하는 걸까 궁금해졌다. 매일 시카와 단둘이 다정하게 나가는 걸 질투할까?(그럴 리는 없다고 생각하지만) '집 밖은 위험하다고! 나가지 마!'라고 우릴 걱정해주는 건가?(이럴 리도 없다고 생각하지만) 그러다 엉뚱한 생각에 이르렀다. 나는 털복숭이들의 언어 세계를 이해하지 못하기 때문에 알아듣지 못했지만, 그날은 봄이와 루피가 시카에게 뭔가 명령한 것은 아닐까 하는 생각이 드는 날이었다. 이 구역 고양이들을 철저히 감시하고 엉뚱한 짓을 하면 우리에게 와서 하나도 빠짐없이 얘기해라냥! 어떤 고양이들이 우리 집 근처에 사는지, 몇 시에 누가 돌아다니는지도 세세하게 우리에게 보고해라냥! 그날따라 시카는 산책하면서 고양이들을 보면 다가가서 한참을 들여다보고, 하악질을 하면 그제야 마지못해 돌아왔다. 이 상상은 한동안 산책을 나갈 때마다 내 머릿속을 둥둥 떠다녔다.

그들의 일상 2

야.
저 인간한테 가서
츄르 좀 달라고 해 봐.
너가 그런거 잘 하잖아.

전
지금 먹고싶지 않은대요.

← 개껌

... 뭐?!!

봄이의 비밀

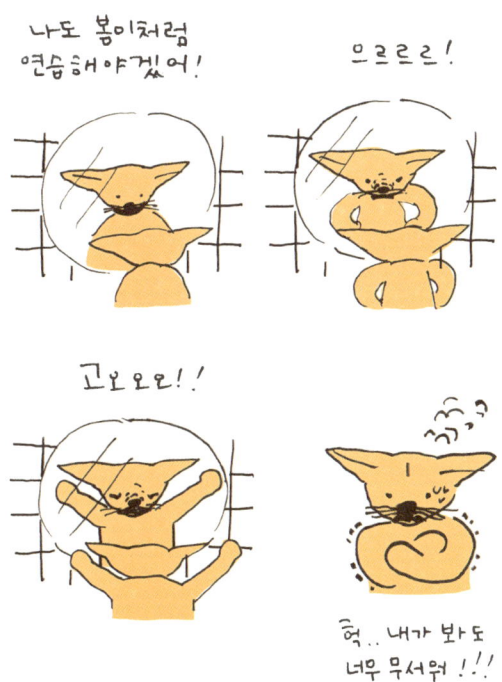

임보 언니의 욕심

엄마가 되어줄 수 있는 것도 아니면서 욕심만 많다. 첫째나 둘째로 갔으면, 여행 다닐 때도 데리고 다니는 가족이었으면, 하루에 한 번은 10분이라도 콧바람 쐬게 해줬으면, 실수를 해도 너그럽게 이해해줬으면. 조금 더 욕심을 부리자면 실수도 귀엽게 봐주는 가족이었으면, 너무 이것저것 교육시키지 않았으면, 또 그걸 못한다고 혼내지 않았으면. 윽박지르지 않았으면, 살짝이라도 때리지 않았으면. 그리고 또⋯.

내가 무조건 지는 게임

눕개

원하는 게 있으면 드러눕고 보는 그녀.
까만 입술을 보이며 씨-익 웃는다.
부끄러움은 왠지 나의 몫.

눕개 2

'진돗개예요?'라고 물어봤을 뿐인데 먼저 달려가서 뒹구는 애.
저 예뻐서 물어보셨어요?
그럼 만져주세요.
진돗개 피 두 방울 정도 섞였어요.
네?

#시카인형과시카 #시그니처포즈 #이게나라고요? #응완전너야

저는 가족 만나기가 어려울까요?
저는 리트리버보다 작은데
리트리버들은 집 안에서도 잘 지내는데
왜 저는 마당에서 키워야 한다고 생각하세요?
전 마약방석도 좋아하고 작은 친구들도 좋아하고
고양이들이랑 사는 것도 좋아요.
덩치 큰 사람들이 의외로 더 아기자기한 것처럼 저도 그래요.
엄마는 날 왜 이렇게 크게 낳으셨는지.
백구처럼 뽀얗지도 않고 리트리버처럼 풍성한 털도 없지만
저한테도 관심 가져 주세요.
얼굴이 전부가 아니라니까요!
뷰티 인사이드!

뒷일을 부탁해

내리막길에서..
쉬.. 하지좀 마!

덩치 큰 그녀의 슬픔

난 밖에 나가서 뛰어 노는 걸 가장 좋아하는데
동거인은 집에서 한없이 굴러다니는 걸 좋아해요.
한 번 누우면 일어날 줄을 몰라요.
겨우 일어났다 싶으면 노래를 듣고 그림을 그려요.
그러면 난 막 짜증이 나서 입술이 바싹바싹 마르고 주둥이가 말려들어가요.
이건 비밀인데… 그래서 저번에는 동거인의 타블렛 펜도 물어뜯고
색연필도 보이는 대로 다 물어뜯어 봤어요. 그래도 아무 소용이 없더라고요.
그래서 내 딴에는 그림에 좀 재미를 붙여볼까 하고
방바닥에 귀여운 개미를 잔뜩 그려놨는데
동거인이 보더니 빡빡 문질러서 지워버리더라고요?
칭찬은 못해줄망정! 너무너무 화가 났어요! 그래서 이번에는 배탈 났잖아.
이때다 싶어서 동거인 그림 위에다 똥 쌌어요. 두 번이나 쌌어요.
속상해하는 모습을 보니 조금 미안한 마음이 들었지만…
아 몰라!

과잉보호

시카에게 좋은 가족이 나타나게 해주세요.

소원

시카와 함께 지내기 시작하면서 특별한 날에는
우린 항상 같은 소원을 빌었다.
크리스마스, 별똥별 떨어지는 날, 동그랗고 큰 보름달이 뜨는 추석,
그리고 새해에도.
'좋은 가족이 나타나게 해주세요.'

은근한 다정함

난 너의 은근한 다정함이 좋아.

제시카를 안는 다섯 가지 방법

첫 번째 자세를 제일 좋아한다. 일하다가 너무 힘들고 기운이 빠질 땐 시카를 불러서 시카가 근처로 다가오면 휙 잡아당겨 최대한 가까이 오게 한 다음에 저렇게 안긴다. 그리곤 엉덩이를 툭툭툭. 그 다음엔 볼과 정수리 냄새를 맡는다. 샴푸 향이 나도, 먼지 냄새가 나도, 꼬릿한 냄새가 나도 다 좋다. 그리곤 일어나서 다시 일을 하러 가려다가 시카 귓구멍에 지저분한 것을 발견하고 귀 청소를 하게 된다.

별 낚시

아... 별이 안잡혀요.

하늘의 별도 달도 따다 줄 누렁이.

멍멍!
자다가 눈을 떴는데 엄마가 보였어요.
그동안 많이 외로웠지? 하면서 꼬옥 안아줬어요.
엄마가 같이 집으로 돌아가자고 했는데
그래서 좀 더 자고 싶었지만 참고 일어났는데 꿈이었어요.
서글퍼서 펑펑 울었어요.
울다 보니 옆에 있는 친구도 옆방 친구도 그 옆방 친구도 다 울고 있어요.
언제쯤 꿈이 아니라 진짜 엄마를 만나게 될까요?

무비 나이트

나: 그...그만 볼까?
시카: 아 왜 그래요!! 영화볼때 이러는거 젤 시러

궁금해

금요일

월요일

다음 날

#이분최소8등신 #하루쯤대신출근_아이되니? #니간식비니가좀벌어와

#여기부터여기까지_다주세요 #이분최소개수르 #엄마쟤이상해

시카의 표정

시카의 표정을 보면
내가 꼭 대단한 사람이 된 것만 같다.

푸딩 씨. 나는 푸딩 씨랑 같이 살고 싶은데
같이 사는 사람이 햄스터 무섭대요.
저도 얹혀 사는 처지라서 못 데려가요.
아 거기다 무서운 고양이들도 있어서….
내일 또 보러 올게요.

#제친소 #푸딩씨 #햄스터예요

#푸딩씨행복하세요 #꼭좋은집에입양가야해요 #4천원 #니코가석자

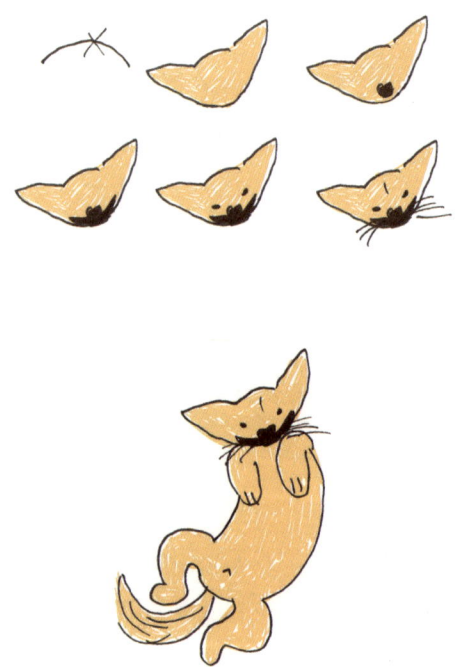

제시카 그리는 방법

무척 그리기 쉬워요.
귀는 내려서 그려주시고요,
눈은 조금 작은 아몬드 모양, 코는 콧구멍 큰 건빵,
입술은 까만 뷰러 고무 그려주시고요!
얇은 수염은 거침없이 마구 그려줍니다!
몸은 잘 그리려고 하면 어려우니까 그냥 대충 크게만 그려요.
다리를 접어주고 꼬리만 그려주면 예쁜 누렁이.

카페에서

일상

넌 시카 아니면 안 될 것 같아

깜짝 놀랐다. 회사에 있는데 팀원 한 분이 '뭐가 그렇게 재밌어요?'라고 물어왔다. 네? 하고 되묻자 엄청 재밌게 보셔서요, 라고 말했다. 나도 모르게 핸드폰으로 시카 사진을 보면서 실실 웃고 있었나 보다. 그리고 보니 출근길에도 전날 찍은 시카 사진과 동영상을 보고, 점심시간에도 시카 사진을 보고, 화장실에서도, 퇴근할 때도 시카 사진을 보고 있는 내 자신을 깨닫고 다시 한 번 놀랐다. 시도 때도 없이 자꾸 시카 사진을 꺼내 보고, 회의 시간에 나도 모르게 끄적끄적 시카를 그리고 있는 게 아닌가!

이상했다. '시카는 내 스타일이 아닌데…' 나는 털이 꼬불꼬불하고 복슬복슬한 복슬강아지를 좋아했는데. 그런데 언제부터인지 모르게 하루 종일 시카 생각을 하고, 너무 귀엽게 나온 사진을 홍보 계정에 올릴 때면 조금 머뭇거리게 되고, 시카가 다른 누군가에게 간다고 생각하면 산책하다가도 눈물이 핑 돌았다. 분명 하루빨리 입양을 갔으면 좋겠다고 생각했던 때가 있었는데… 그런데 도대체 그때가 언제였지?

시카를 이렇게나 좋아하고 함께하고 싶으면서도, 현실로 돌아와 생각하면 20킬로그램이 넘는 시카의 무게만큼 거대한 책임감이 앞으로 6년에서 10년 동안 내 어깨에 얹어져 있을 거란 생각에 갑자기 무서워졌다. 혹시라도 해외로 훌쩍 떠나고 싶으면 어쩌지? 그럴 수 있는 여건이 됐는데 시카 때문에 못 가게 되면? 더 이상 아무도 내 그림을 좋아해주지 않아서 돈을 벌 수 없게 되면 어쩌지? 회사에도 취업이 안 되면? 시카는 덩치가 커서 밥도 많이 먹는

#어머님꽃놀이나오셨나봐요 #꽃길만걸으세요

데, 아프면 병원비도 많이 드는데, 감당이 안 되는 순간이 오면 어쩌지? 답이 없는 고민을 하고 또 하고 또 했다. 밤마다 오늘은 결정할 거야! 하고 아침이 오면 또 고민을 했다. 그렇게 꼬박 1년을 고민했다.

어느 순간 시카가 내게 눈치를 주는 것 같았다. 어이. 좀 적당히 고민하지? 옆에서 고민을 들어주던 친구들도 많이 고민한다고 좋은 결정을 내리는 것만은 아니라고 했다. 그리고 어느 날엔가 친구들이 말했다. '사실 넌, 시카 아니면 안 될 것 같아.' 잠깐만. '시카는 나 아니면 안 될 것 같아'가 아니라 '난 시카 아니면 안 될 것 같다'고?

1년 만에 결심했다.
시카야, 나랑 함께 살아줄래?

제가 이 인간한테 발도장 꾸-욱 찍었어요.
비밀인데요,
사실 제가 촌스러운 누렁이처럼 보이지만 알면 알수록
입구는 있어도 출구는 없는 누렁이거든요.
그런데 아무도 입구 근처에도 오질 않아서 항상 혼자였어요.
어슬렁거리는 인간이 생에 처음으로 있길래
기회를 놓치지 않고 딱 잡았어요.
이 인간이랑 같이 귀엽고 (사실 영악한) 봄이랑 루피 잘 키울게요.
모두모두 고마워요. 쩡긋!

#웨딩의주인공은신부 #뽀샵부탁해요 #다리길어보이게 #찡긋

#웨딩촬영힘드네요 #개피곤 #결혼두번은못할듯 #신부님면도좀하고오시지그러셨어요

분명 좋은 곳일 거야

산책을 하다가도 시카를 보내야 된다고 생각하면 갑자기 마음이 심란해져서 시카를 꽉 껴안거나 둥근 머리통을 쓰다듬곤 했다. 하지만 막상 시카에게 '우리 그냥 쭉 같이 살자!'라고는 말할 자신이 없었다. 물건을 하나 살 때조차 결정하는 걸 어려워하는 우유부단하고 생각만 많은 나에게 시카 입양 문제는 사계절을 함께 보내고도 답을 낼 수 없는 어려운 문제였다.

그렇다 보니 항상 시카에게 물어보고 싶었지만 시카의 말을 잘 알아듣는 수준이 못 되어서(지금도 마찬가지지만 그땐 더욱 그랬다) 끙끙 고민만 계속하다가 결국은 '나 좋을 대로 하자!' 했던 것 같다. 신을 믿지는 않지만 나밖에 모르는 나에게 이런 착하고 지혜로운 개를 보내준 건 정말 누군가의 뜻 아니었을까 하는 생각도 한다.

손 꼭 붙잡고 시카를 따라가야지. 그곳은 분명 좋은 곳일 것 같다.

#노랑꽃누렁개2 #이제다시봄이야

두 번째 봄

시카야, 이제 진짜 봄이야.
꽃 활짝 핀 봄에 네가 우리한테 왔잖아.
그렇게 봄, 여름, 가을, 겨울을 힘겹게 지나서 다시 봄이 온 거야.

한강이 있어 다행이야

내가 언제부터 이렇게 '한강 러버'가 됐을까. 아마도 말을 할 줄 알았다면 자기는 이 세상에서 산책을 제일 사랑한다고 목청 높여 얘기할 시카와 살면서부터려나? 눈이 오나 비가 오나 우리는 한강을 간다. 개나리, 진달래, 벚꽃이 피어나는 봄과 바삭바삭 낙엽이 밟히는 가을은 말할 것도 없고, 찜통 속에서 산 채로 쩌지는 듯한 여름날이나, 숨까지 얼어버릴 것만 같은 겨울날에도.

시카와 나는 한강에서 천천히 걷다가 커피 하나를 사서 풀밭에 주저앉아 나무와 꽃을 바라보고 자전거 타고 지나가는 사람들과 산책 나온 개들을 구경하는 걸 좋아한다. 가끔은 맥도날드에서 치즈버거를 사서 살짝 나눠 먹기도 한다. 마음이 여유로울 때는 시카와 함께 앉아서 산책 나온 개나 꽃, 초록색 잎들과 벌레도 그리곤 한다(물론 겨울에는 그럴 여유가 없다).

보통은 시카와 단둘이 걸을 때가 많지만 소풍 가기 딱 좋은 봄날에는 친구들을 불러 한강으로 소풍을 가기도 한다. 각자 먹고 싶은 걸 싸서 나눠 먹고, 개들도 각자 자기의 간식을 챙겨 와서 서로 새로운 간식을 나눠 먹는다. 목적 없이 달려보기도 하고 귀찮아하는 개 친구들을 맛있는 간식으로 살살 꾀어 사진도 열심히 찍는다. 그렇게 정신없이 놀다 보면 개들의 눈이 반짝이고 입이 활짝 열리며 웃는데 그러면 결국 우리 모두가 행복해진다.

가까이에 넓고 파란 바다도 울창한 초록 숲도 없지만 한강이 있어 참 다행이라고 생각하는 시카와 나는 서울 사람 그리고 서울 누렁이(둘 다 서울 태생은 아니지만 …아마도).

#효리네민박알바생 #아이유인줄 #누렁이는핑크지 #얼굴과목이일직선

#견어 #언더더씨 #동상아님주의 #관종 #이제그만내려와 #애들줄서있다

아침에 보자

몇 년 전 제주도로 자전거 여행을 떠났을 때 일이다. 숙소를 못 찾고 길을 잃고 헤매다가 깜깜한 밤이 되어버려서, 당황하고 무서운 나머지 별거 아닌 낮은 턱에 걸려 넘어져버렸다. 많이 다친 건 아니었지만 혼자인 게 무섭기도 하고 괜히 서러움이 복받쳐 엉엉 울었다. 결국 서울에 있는 친구가 대신 신고해준 덕분에 구급차에서 간단한 치료를 받고 숙소에 내릴 수 있었다. 낮에는 한없이 예쁘기만 했던 섬이 한순간에 그렇게 무섭게 느껴질 수도 있구나 하고 느꼈었다.

잠깐 헤맸을 뿐인 그 시간도 아직까지 나에겐 너무 무서웠던 기억으로 남아 있는데, 이 누렁이는 얼마나 고단한 삶을 살았을까? 즐거운 산책을 끝내고 다시 밤이 찾아오고 모두들 다 집으로 돌아가 버린 그 시간, 혼자만 돌아갈 집이 없는 삶.

개야, 이젠 널 기다리는 집이 여기 있어. 눈을 뜨면 고양이들과 내가 널 기다리고 있을 거야. 잘 자. 내일 아침에 보자, 우리 개.

#장마극혐 #비오는날산책싫어 #우리집사람은_차없어요? #떵봉지는꼭챙겨요

동지

여태까지 혼자서 많이 힘들었지?
이제 같이 힘들자, 라고 말하곤 웃는다.
넌 견생 로또를 만난 건 아니라서 앞으로 같이 고생해야 해.
난 '개'를 만나 이렇게 '개고생'을.
그래도 우린 '함께'야.

지하철 타고 싶어요

#우리집사람_차없어요2 #머리만쏙넣으면_다들어가요 #안짖을게요 #안물게요 #안쌀게요
#못본척해주세요 #제친구들을위해_지하철한칸만양보해주세요 #하는김에병원비도좀싸게

우리가 함께 지하철을 탄다면.

우연히 만나요

오늘까지 세 번 우연히 마주쳤고, 그렇게 친구가 되었다.

춘배엄마 님은 춘배를 항상 '춘아~' 이렇게 부르시는데 그게 참 다정하고 예뻐 보여서 나도 은근슬쩍 '춘아~' 하고 부른다. 밤늦은 시간에 정말 우연히 만난 춘배엄마 님과 풍이엄마 님, 이렇게 셋이 풀밭에서 판을 벌렸고 춘배엄마 님은 집에 가서 드시려고 했던 족발을 함께 먹자며 봉지를 여셨다. 그리고 컵라면과 과자를 사오시겠다면서 편의점에 가셨다. 풍이엄마 님과 둘이 남게 되어 어색해진 나는 '두 분이서 굉장히 친하신가 봐요'라고 말을 건넸더니 오늘이 두 번째 만남이라고 하셨다(난 세 번째 만남인데 나보다 훨씬 친해 보이던 두 분).

풍이엄마님은 자긴 사람들을 별로 안 좋아한다 하셨고 나는 은근히 의심이 많은 사람인데, 어쩌다 보니 세 사람이 젓가락도 없이 매운 족발을 손가락으로 먹고 있었다. 래브라도 풍이, 불독 춘배, 진도 믹스 제시카, 이렇게 세 아이가 없었으면 마주치지도 않았을 너무 다른 세 사람.

우리 우연히 또 만나요.

싸워도 함께 산책해야 하는 사이

세상 얌전하고 매너 좋기로 소문난 제시카지만, 그녀도 가끔은 사고를 친다. 그게 바로 오늘이다. 나는 오늘따라 회사에서 사소한 일들이 차곡차곡 쌓여 물이 찰랑찰랑 가득 찬 물컵 같은 상태였고, 누가 살짝만 톡 하고 건드리면 물이 다 쏟아질 것만 같았다. 집에 가서 바로 뻗어버리고 싶었지만 집에 가서도 해야 할 일들이 잔뜩 있었고 그중에 제일 큰일은 늦은 시간임에도 시카와 나가서 산책을 해야 한다는 것이었다. 괜히 서글픈 마음이 들었지만 그래도 드디어 하루를 마무리하고 시카와 봄이 그리고 루피를 보는구나 생각하며 현관문을 열었는데, 중문 너머로 내 타블렛 펜이 삼단분리 되어 있는 것이 보였다. 화가 머리끝까지 났고 나도 모르게 시카를 향해 소리를 질렀다. "너 또! 이게 뭔 줄 알고 언니 일해야 되는데 이걸 고장냈어!?"

시카는 귀를 축 내리고 당황했는지 연신 눈을 꿈쩍거렸다. 그러더니 평소처럼 발라당 누워서 배를 보이고 미안하다고 했다. 미안하다고 하는데도 나는 어른스럽게 받아주지 못하고 도리어 더 화를 냈다. "또 이러지? 배만 보여주면 다야? 언니 일해야 되는데 어떡해! 저리 가!"

시카에게 심한 말을 쏟아내다가 갑자기 나도 모르게 닭똥 같은 눈물이 뚝뚝 떨어지더니 흐어엉 하고 울어버렸다. 시카는 어리둥절하고 난처한 얼굴로 계속 날 쳐다봤고 난 울면서 펜을 다시 조립했다. 혹시 작동할지도 모른다는

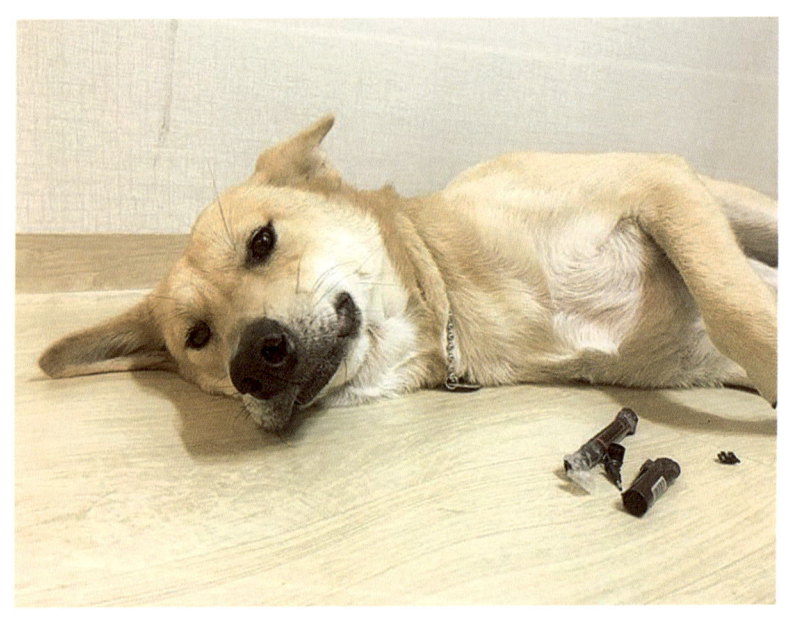

#개무룩 #개가이깟펜좀망가뜨릴수도있지 #어~디사람이그런눈으로쳐다보고있어?

기대를 갖고 노트북 앞에 앉았지만 역시나 작동하지 않았고 난 또 눈물을 뚝뚝 흘렸다.

그렇게 펜을 만지작거리면서 울다가 불현듯 시카와 산책을 나가야 한다는 사실이 떠올랐다. 시카에게 화낸 건 미안하고, 화내다 말고 꺼이꺼이 운 건 무안하고, 심지어 울고 났는데도 여전히 화가 덜 풀린 복잡한 감정에서 벗어나지 못한 채로 시카에게 옷을 입히고 줄을 잡고 산책을 가야 한다니! 싸운 연인과 어쩔 수 없이 밥을 먹어야 하는 것과 비슷한 느낌이랄까.

속 좁은 나는 시카에게 이런 말을 두 번이나 하고 나서야 겨우 산책 길을 나설 수 있었다. 내가 봐도 참 못났다.

"산책 간다고 너한테 화 푼 거 아니야! 우리 지금 화해한 거 아니야!"

#남친이랑페이스타임중 #한강에서몇시라고요? #사슴간이랑츄르꼭싸와요또잊지말고! #영역표시하다가늦음알아서하세요!

#소개팅남 #날도좋은데_산책이나할까요? #대신제줄좀잡아주시겠어요? #전손이없어서요
#소개팅녀는_물집이잡히도록산책만하다_집에갔다고 #그리고가방안에는식어빠진똥봉지가

이제 잘 눕지 않아요

1년 하고도 4개월. 시카는 계속해서 변하고 있다. 여전히 사람들을 좋아하기는 하지만 예전처럼 언제 어디서나 누구에게나 벌러덩 드러눕지는 않는다. 전에는 사랑이 넘쳐서 그런 게 아니라 사랑이 많이 부족해서 그랬나 보다. 외로웠던 세월이 길었던 탓에 누가 예쁘다고 눈길만 줘도 어찌할 바를 모르던 시절. 그 시절이 아주 조금씩 지나고 있다.

#많이급했었구나 #몰라봐서미안하다 #패드에좀싸면안되겠니 #땡마르으우

신호

이 미소가 똥 마렵다는 신호인지도 모르고 귀엽다고 사진만 찍었네.
일하고 있는데 자꾸 책상 밑에 들어온다고 눈치 없이 짜증만 내었네.
시카가 얼마나 날 욕했을까.
야, 아오, 나 지금 설…사 터지기 일보 직전…이야.
가까스로 눈치채고 밖에서 코끼리 똥 성공.
육견 2년차, 아직 갈 길이 멀구나.

애교 수업

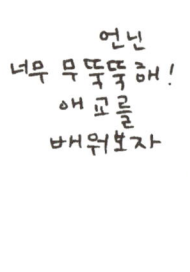

그 다음 동작!

무...안

왜...
언니는 안귀엽지?

#유럽개st #너무풍경위주로찍는거아니에요? #비욘세다리_요즘헬스해?

#유럽개st_2 #노릇노릇뒤통수 #뭐보고있어? #가을이오고있어요

가을 시카

#같은곳을보는우리 #근데앞으로좀가줄래? #니떨어질것같아 #후광이비칠일인가

#남산원정대 #발맞추는것쯤은개껌이지 #오른쪽너스텝틀렸어

사과

진짜로 미안하다면 시카처럼 완벽한 사과를 할 것.
'미안해, 근데…'라고 뒷이야기를 절대 꺼내지 말 것.
사실 내가 제일 못하는 일 중 하나.

#찍지마세오 #쌩얼이에오 #간식먹고잤더니부었네 #언니얼굴부터봐오

아침

'올빼미 누렁이'인지라 아직은 잠이 안 깨 죽겠는데
동거인은 나가겠다고 옷을 입고 있고
따라가고는 싶고 근데 잠은 안 깨고
시카의 복잡한 심경이 드러난 표정은 가족만 아는 모습.
그리고 아침에는 개도 못생겼다.

겨울산책은 너무 힘들어요.

왜 때문에

시카가 친구 만나는 걸 싫어했다면, 그리고 사람 많은 장소를 싫어했다면 나도 지금이랑은 달랐을지 모르겠다. 고양이랑 하루 종일 뒹굴뒹굴하던 집순이가 발바닥이 까매지도록 열심히도 돌아다니는 이유. 회사에서 야근하고 집에 와서도 일하는 살인적인 업무 스케줄 상황에서도, 추운 걸 끔찍이도 싫어하는 내가 마음속으로 울면서도 새벽 두 시에 밖에 나가는 이유. 저 기뻐하는 모습이 너무 좋아서인가 보다.

개를 사랑하기 전으로 돌아갈 순 없을 것 같다.

#손에잡히는대로입었어? #엄청신경써서입은건데요 #사물놀이패아님

귀여운 지구

눈밭 위에 시카를 툭 하고 올려놓으니 갑자기 겨울이 귀여워졌다.
오늘 많은 멍멍이들이 분주하게 하얀 발자국을 찍고 다녀서
지구가 더 귀여워졌겠다.

겨울 시카

으아아아아

#크리스마스파티 #선물교환 #봉구는시카에게연어와우유를줬고 #시카는봉구에게황태와치즈포를줬다 #물론결제는인간들이했다 #여친땡땡이옷빌려입은봉구오빠

#봉구오빠왜안와오 #이별이에오?

가족

잊을 만하면 다시 찾아보는 사진이 있다. 나에게 오기 전 시카가 작은 강아지들과 고양이들과 뒤엉켜 노는 사진들이다(프롤로그에 있는 바로 그 사진들이다). 임보를 망설였을 때 용기를 주었던 그 사진들을 다시 들여다보며, 어쩌면 '고양이와 잘 지낸다'는 소개말 한 줄이 우리를 만나게 해준 연결고리 중 하나가 아니었나 하는 생각이 들었다. 시카는 나의 일곱 번째 임보였기 때문에 봄이와 루피가 개와 지내는 것이 처음은 아니지만, 그렇게 큰 아이는 처음이다 보니 내심 걱정을 많이 했었다. 하지만 별다른 큰 사건은 떠오르지 않는 걸 보면 이들은 생각보다 무난하게 적응했던 듯하다. 다만 시카가 봄이와 루피의 솜방망이로 제법 머리통을 맞았다는 사실 요즘과는 꽤 다른 점인데, 당시 SNS에서 그런 시카를 굉장히 안타까워하시는 분들도 있었다. 시카에게는 미안하지만 나는 그에 대해 크게 개의치 않았다. 봄이와 루피가 스트레스로 아프거나, 너무 사이가 나빠 시카를 데리고 있을 수 없게 되면 어쩌나 하는 걱정을 더 많이 했었기 때문이다.

곧 있으면 우리가 함께 산 지도 2년이 된다. 그런데 아직도 셋이 사이좋게 놀거나 같이 뒤엉켜 자는 다정한 모습을 보기는 어렵다. 어쩌면 앞으로도 볼 수 없을지도 모른다. 하지만 봄이와 루피는 '개'와 살고 있는 것이 아니라 '시카'와 살고 있는 것이라는 생각을 자주 한다. 개가 집에 있는 건 싫지만 시카가 곁에서 밥을 먹고 잠을 자는 건 어느 순간 인정해준 것이 분명하다.

우리 넷은 모두가 친밀한 사이는 아니지만 서울이라는 큰 도시에서, 조금 식상한 표현일지도 모르겠지만 기쁠 때나 슬플 때나 함께하는 유일한 가족이다.

가족 사진

넷이 함께 한 사진이 책에 없는 이유

#가을웜톤 #보호색 #억새색 #제주도노루색 #우유많은카페라떼색

어디까지나 언제까지나

처음 만났을 때 시카는 까까머리여서 무슨 빛깔인지 잘 몰랐었는데 1년이 훌쩍 지나고 나니 내가 좋아하는 색이었다는 글이 수첩에 적혀 있었다. 시카의 빛깔은 모래와 많이 닮아 있다고 생각했는데 지금 보니 억새와도 많이 닮았다.

우리 집으로 도르르르 하고 굴러온 못생긴 돌이 시간이 지나자 바위처럼 커지더니 결국엔 작은 산이 되어버렸다. 그 작은 민둥산에 봄이와 루피 그리고 내가 매일같이 올라 물도 주고 사랑도 주다 보니 노르스름한 억새풀이 어느새 수북하게 자라났고, 우리는 그 부드럽고 다정한 산에 올라 기대어 쉬기도 하고 뒹굴며 웃기도 했다. 그렇게 우리는 그 산에 '시카'라는 이름을 붙여줬다.

시카는 귀여운 노르스름한 색을 띤 작은 산 같은 아이다. 항상 믿음직스럽고 든든하다. 그에 반해 모든 게 어설프고, 겁이 많고, 걱정도 많은 나는 힘들 때마다 시카라는 산을 오른다. 빼곡한 노란 털 사이를 손바닥으로 훑으며 천천히 걷다 보면 나도 뭔가를 할 수 있을 것 같다는 이유 없는 자신감이 솟아나온다. 때로는 그 작은 산에 숨어서 혼자 울기도 했고, 때로는 내가 좋아하는

친구들과 함께 숨넘어가도록 깔깔대며 웃기도 했다. 그렇게 꼬박 2년을 보낸 것 같다.

모두가 한 번쯤은 오르고 싶을 작고 사랑스러운 나의 산. 시카가 내 어깨 위의 무거운 짐이 될까 봐 망설였던 그 긴 시간들이 무색할 만큼, 시카는 내 어깨 위 짐이 아니었고 오히려 나를 지탱해주고 쉬게 해주는 존재였다는 사실이 놀랍도록 신기하다.

시카의 시간은 나보다 빨리 흘러가기에 조금만 더 기다려달라고 마음속으로 기도한다. 시카야, 나도 네가 마음 놓고 쉴 수 있는 존재가 되기 위해 노력하고 있으니까, 우리 더 오래오래 함께하자.

#내겐너무가벼운그녀 #시카는자기가얼마나예쁜지_아는게틀림없어 #소형견인줄아는지도

예쁜 누렁이.
나의 뮤즈!
모두의 친구,
만인의 연인.
구속하지 않을게, 개야.
잠만 집에서 자면 되지, 뭐.

부록

반려견을 잃어버렸을 때

사랑하는 반려동물을 잃어버리는 것은 생각만 해도 가슴 아픈 일이다. 그런 일이 생기지 않도록 주의하는 것이 가장 중요하겠지만, 잃어버리기 전에 미리미리 반려동물등록제에 따라 등록을 하고, 이름과 연락처가 기재된 목걸이를 꼭 달아주자. 그럼에도 불구하고 반려동물을 잃어버렸을 때는 다음의 방법을 참고할 것.

1. 침착하게 주변부터 탐색한다.

반려견을 잃어버렸을 때는 초기 대응이 매우 중요하다. 당황하지 말고 집 근처나 산책로 등 자주 다니던 곳들 위주로 탐문한다.

실종된 곳 주변에 주인의 옷가지 등을 놓아두는 것도 찾는 데 도움이 될 수 있다. 반려견이 근처를 헤메다 주인의 냄새를 맡고 주변으로 올 수도 있기 때문이다.

2. 골든타임 세 시간, 전단지를 적극 활용한다.

세 시간 내에는 실종 장소에서 반경 10킬로미터 이내에 있을 확률이 높다. 이때 가장 효과가 큰 방법이 바로 전단지다. 반려견의 최근 사진을 크게 넣고, 잃어버린 장소와 시간, 반려견의 특징, 연락처 등을 정확하게 기재하여 실종 장소 주변, 동물병원, 산책로 등에 붙인다.

만일에 대비해 평소에 전단지 서식을 준비해두는 것도 시간 절약을 위한 방법이다.

서식은 포털사이트에 검색하면 쉽게 구할 수 있다. 성견이라면 계절, 털 길이별로 사진을 준비해두는 것도 좋다.

3. 주변 동물병원, 보호소에 알린다.
주변의 동물병원과 펫숍에 실종 사실을 알린다. 발견된 실종 동물 대부분이 동물병원을 거쳐 보호소로 가기 때문이다. 관할 보호소에 알리는 것도 중요하다. 특히 보호소는 구조 후 열흘이 지나면 다른 곳으로 보내거나 안락사를 시킬 수도 있기 때문에 반드시 연락해둬야 한다. 간혹 신고가 들어오거나 CCTV 확인 등의 도움을 받을 수 있는 경우도 있으므로 파출소를 찾아가보는 것도 좋다.

4. 관련 사이트와 SNS를 활용한다.
종합유기견보호센터(zooseyo.or.kr), 동물관리시스템(animal.go.kr) 등 되도록 많은 관련 사이트에 알린다. 트위터, 페이스북, 인스타그램 등 SNS에 실종 사실과 정보를 올려 도움을 구하는 것도 방법의 하나다. 빠르게 소식이 전해지고, 바로 연락이 닿을 수 있다는 장점 덕분에 최근 SNS를 통해 반려동물을 찾는 경우가 늘고 있다.

길 잃은 동물을 발견했을 때

예기치 않게 유기 동물 혹은 실종 동물을 발견하는 것 또한 매우 당혹스러운 일. 그럴 때는 어떻게 행동하는 것이 좋을까?

1. 섣불리 구조하지 않는다.
갑자기 다가가거나 강제로 잡으려 하면 놀라 도망가거나 공격할 수 있다. 일단 거리를 두고 지켜보며 119, 동물병원, 동물보호단체 등에 연락해 구조를 요청하자. 구조를 기다리는 동안 몸에 별다른 이상이 없는지 관찰하고, 오랫동안 물을 마시지 못했을 수 있으니 물을 준비해주면 좋다. 발견 당시 모습을 사진으로 찍어두면 보호자를 찾는 데 도움이 될 수 있다.

2. 목걸이나 마이크로칩 확인하기
주인의 연락처가 적힌 목걸이를 하고 있다면 바로 연락을 취할 수 있다. 연락처를 알 수 없다면 동물병원이나 파출소, 보호소 등에서 인식표, 마이크로칩을 확인할 수 있다.

3. 주인을 바로 찾을 수 없다면
위의 방법으로 주인을 찾을 수 없다면 관할 보호소에 맡길 수 있다. 단 거기서도 주인을 찾지 못할 경우 열흘 후 안락사를 당할 가능성이 있으므로, 가능하다면 그 후 다시 임시 보호를 할 수 있도록 요청해주면 좋겠다. 그때 다시 사설 기관에 의탁하거나, 혹은 임시 보호를 하며 새 가족을 만나도록 도와줄 수 있다.

4. 관련 사이트와 SNS를 활용한다.
종합유기견보호센터, 동물관리시스템 등 되도록 많은 관련 사이트에 알리고, SNS를 통해서도 소식을 전하자. 발견 당시의 사진과 함께 위치, 상황을 가급적 상세히 알리면 주인을 찾는 데 도움이 된다.

유기견 입양을 원한다면

'사지 말고 입양하세요'라는 캠페인 문구도 이제 제법 익숙해졌다. 농림축산검역본부의 동물보호관리시스템에 따르면 2017년 한 해 동안 전국의 동물보호센터에 입소된 유기·유실동물이 10만 715마리에 달한다고 한다. 갈 곳 잃은 아이들을 언제나 따뜻한 관심과 사랑을 기다리고 있다. 유기견을 입양하기로 결심했다면 다음과 같은 방법이 있다.

1. 지자체에서 운영하는 보호소를 통한 입양

법적으로 유기 동물을 공고하는 기간 열흘이 지나면 소유권이 지자체로 넘어가고, 이때부터 일반인에게 분양이 가능해진다. 하지만 그때부터는 안락사도 가능하기에 조속히 연락을 취하자.

2. 동물보호단체를 통한 입양

동물자유연대, 동물보호시민단체 카라, 행동하는동물사랑(행동사), 유기동물행복찾는사람들(유행사), 생명공감(EFL) 등 동물보호단체에서는 구조한 동물들을 보호하며 교육한 뒤 입양 공고를 낸다. 각각의 동물마다 자세한 사연도 알 수 있다. 지자체와는 달리 공고 기간이 끝나도 안락사하지 않는다.

3. 사설 보호소를 통해 직접 입양

그 밖에도 크고 작은 다양한 사설 보호소들이 있다. 단 관리가 잘 되는 곳도 있지만, 간혹 환경이 열악해 케어가 제대로 안 되는 곳도 있다. 보호소에 따라 관리 상태는 물론 입양 절차도 상이하기 때문에 사전에 확인이 필요하다.

*일반적으로 유기 동물의 입양 순서는 1.사전 연락 ⋯▸ 2.보호시설 직접 방문 ⋯▸ 3.입양 신청서·입양 동의서·입양 계약서 작성으로 이루어진다. 경우에 따라 책임비·치료비가 있을 수 있다.

유기견을 입양할 때 유의점

반려동물을 입양하는 일은 쉽게 결정내릴 문제가 아니다. 한 번 상처받은 경험이 있는 유기견의 경우는 더 말할 것도 없다. 충분한 고민과 각오가 필요한 일이다. 유기견 입양 시의 유의점에 대해 생각해보자.

1. 충분한 고민
상처를 가진 아이들인 만큼 집착, 경계심 등 성격적인 문제가 있을 수 있다. 이런 문제를 잘 극복하고 돌봐줄 수 있는지 충분히 고민하고 신중히 결정하자. 또다시 버려진다면 유기 동물들에게 씻을 수 없는 상처를 남기게 될 테니까.

2. 함께 생활할 환경 만들기
좋은 환경이 한 번에 만들어지기는 어렵다. 부족한 부분을 점차 개선하려는 의지가 중요하다.

3. 문제 개선은 시간 싸움
유기견은 대소변을 가리지 못하거나, 공격적인 성향을 보일 수도 있다. 이런 문제들 또한 단기간에 해결되지 않는다. 인내심을 가지고 점차 개선해나갈 수밖에 없다.

유기견을 위해 할 수 있는 일

해마다 버려지는 유기견들을 위해 우리가 할 수 있는 일은 뭐가 있을까? 꼭 입양이 아니더라도 유기견들을 도울 수 있는 일은 많이 있다.

1. 보호 시설 봉사 활동 및 후원

일손이 부족한 보호소에 사전 연락을 취해 봉사 활동(청소, 미용, 목욕, 산책 등)을 할 수 있다. 사설 보호소의 경우 정부 보조금이 거의 없어 대부분 후원으로 운영되기 때문에 사료를 기부하거나, 후원금을 보탤 수도 있다.

2. 임시 보호(임보)

유기견들이 새 가족을 찾기 전에 보호소가 아닌 가정에서 일정 기간 혹은 입양 가기 전까지 보호하는 일. 생활에 잘 적응하도록 하기 위한 목적이거나, 보호소 생활에 적응하지 못하는 경우, 젖먹이 어린 동물인 경우, 질병이나 수술로 세심한 보살핌이 필요한 경우, 입양 홍보가 필요한 경우 등 임시 보호가 절실한 유기견들이 많다.

3. 국내·해외 입양 이동 봉사

유기견이 임보처나 새 가족에게 갈 수 있도록 타지역으로의 이동을 도와주는 일. 해외 입양의 경우, 강아지는 '특별화물'로 분류되어 누군가의 '짐'으로 등록되어야 한다(별도화물로 보내게 되면 요금이 2~3배 비싸다). 봉사자는 자신과 목적지가 같은 유기견을 수속해주고 목적지까지 무사히 도착하는 것을 확인해주면 된다. 경비나 수속은 단체에서 지원해주므로 마음만 있다면 누구나 할 수 있는 활동이기도 하다. 현재도 많은 해외 입양 유기견들이 이동 봉사자가 나타나길 기다리고 있다.